# Insectos Fascinantes

# Las hormigas

Aaron Carr

## CÓDIGO DEL LIBRO
### BOOK CODE

**P363916**

El enriquecido libro electrónico AV² te ofrece una experiencia bilingüe completa entre el inglés y el español para aprender el vocabulario de los dos idiomas.

This AV² media enhanced book gives you a fully bilingual experience between English and Spanish to learn the vocabulary of both languages.

**Spanish**

**English**

# Navegación bilingüe AV²
## AV² Bilingual Navigation

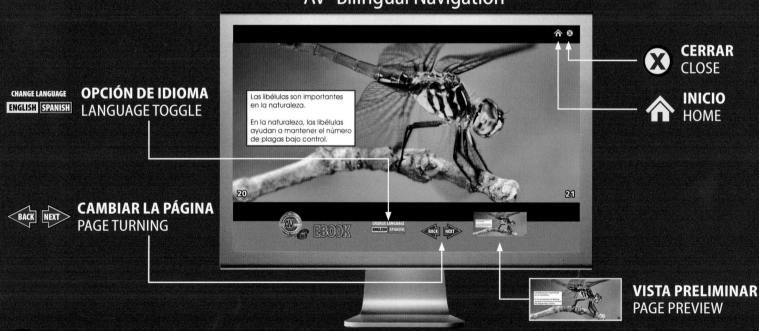

**CERRAR** CLOSE

**INICIO** HOME

**OPCIÓN DE IDIOMA** LANGUAGE TOGGLE

CHANGE LANGUAGE
ENGLISH SPANISH

**CAMBIAR LA PÁGINA** PAGE TURNING

BACK NEXT

Las libélulas son importantes en la naturaleza.

En la naturaleza, las libélulas ayudan a mantener el número de plagas bajo control.

**VISTA PRELIMINAR** PAGE PREVIEW

# Las hormigas

## CONTENIDO

2 Código de libro AV²

4 Conoce a la hormiga

6 Dónde viven

8 Vida en grupos

10 Ciclo de vida

12 Mandíbulas fuertes

14 Lo que comen

16 Cómo se comunican

18 Cómo trabajan

20 Rol en la naturaleza

22 Datos de la hormiga

24 Palabras clave

3

Conoce a la hormiga.

Las hormigas son insectos pequeños.
Se las conoce como muy trabajadoras.

Las hormigas viven en nidos.

Muchas hormigas viven en los nidos debajo de la tierra.

7

Las hormigas viven en grupos grandes.

En grupos grandes, los diferentes tipos de hormigas ayudan a formar una colonia.

Las hormigas salen
de huevos al nacer.

Al nacer, las hormigas parecen gusanos pequeños.

Las hormigas tienen mandíbulas muy fuertes.

Usando sus mandíbulas muy fuertes, las hormigas pueden levantar cosas pesadas.

Las hormigas comen plantas y animales.

Comer plantas y animales les brinda a las hormigas todo lo que necesitan para estar saludables.

Las hormigas se comunican entre sí produciendo olores.

Produciendo olores,
las hormigas se ayudan entre sí para encontrar alimentos.

Las hormigas tienen sus propios trabajos.

Tener sus propios trabajos le ayuda a las hormigas a cuidar el nido.

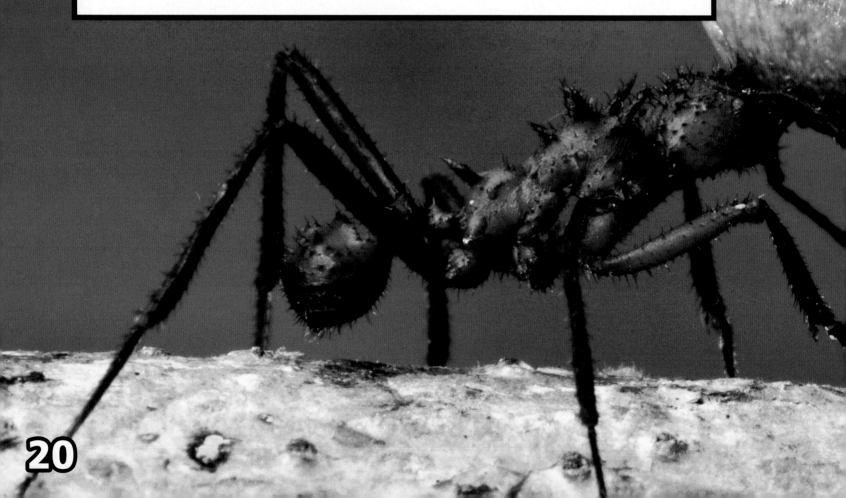

Las hormigas ayudan a esparcir las semillas de las plantas.

Esparciendo las semillas de las plantas, las hormigas pueden ayudar a mantener la tierra saludable.

21

# DATOS DE LA HORMIGA

Estas páginas proveen más detalles acerca de los datos interesantes que se encuentran en el libro. Están destinadas a ser utilizadas por adultos como apoyo de aprendizaje para ayudar a los jóvenes lectores con sus conocimientos de cada insecto o arácnido presentado en la serie *Insectos Fascinantes*.

**Páginas 4–5**

**Las hormigas son insectos pequeños.** Los insectos tienen seis patas articuladas y cuerpos de tres partes: la cabeza, el tórax y el abdomen. Los insectos poseen un tejido exterior resistente denominado exoesqueleto. Las hormigas varían en tamaño desde 0,08 a 1 pulgada (2 a 25 milímetros) de largo. Existen más de 10.00 especies de hormigas. Son uno de los animales más abundantes de la Tierra. El peso combinado de todas las hormigas de la Tierra igualaría el peso de todos los seres humanos.

**Páginas 6–7**

**Las hormigas viven en nidos.** Los nidos de las hormigas pueden ser subterráneos, en pequeños montículos denominados montículos de hormiguero, debajo de rocas o en árboles. Algunas hormigas incluso construyen sus nidos a partir de materiales como ramas pequeñas, hojas y arena. Las hormigas carpinteras, que son comunes en Norteamérica, suelen vivir en troncos viejos. Las hormigas guerreras de Sudamérica son nómades. Se mueven constantemente de un lugar a otro.

**Páginas 8–9**

**Las hormigas viven en grupos grandes.** A los grupos grandes de hormigas que viven juntas se le llaman colonias. Una sola colonia puede tener hasta 8 millones de hormigas. Las hormigas de una colonia generalmente se dividen en tres grupos: la reina, las trabajadoras y los machos. Para la mayoría de las especies de hormigas, la reina es la única hormiga que se puede reproducir. Si la reina se muere la colonia no sobrevivirá.

**Páginas 10–11**

**Las hormigas salen de huevos al nacer.** Las hormigas pasan por cuatro etapas de vida. Comienzan como huevos. Luego de eclosionar, las larvas no tienen ojos ni patas. Otras hormigas deben masticar el alimento para alimentar a las larvas. Crecen y mudan, o cambian su piel, varias veces. Luego, las larvas tejen un capullo alrededor de su cuerpo. Con esto comienza la etapa de pupa, en la que la larva se vuelve adulta. Finalmente, la hormiga adulta sale del capullo.

**Páginas 12–13**

**Las hormigas tienen mandíbulas fuertes.** Tienen dos juegos de mandíbulas. Las mandíbulas internas, denominadas maxilares, son pequeñas y se utilizan para masticar alimentos. Las mandíbulas externas son más grandes y se usan para transportar alimentos y otros objetos. También se las utilizan para cavar. Las mandíbulas de las hormigas son increíblemente fuertes. Esto les permite a las hormigas cargar hasta 20 veces su propio peso. Esto es lo mismo a que una persona lleve un auto sobre su cabeza.

**Páginas 14–15**

**Las hormigas comen plantas y animales.** Son omnívoras. La dieta de una hormiga varía de especie a especie. Las hormigas cosechadoras comen pasto, semillas y bayas. Las hormigas de miel comen melaza, mientras que otras especies comen huevos y larvas de otras hormigas, hongos e insectos pequeños. Las hormigas guerreras incluso depredan reptiles, aves y mamíferos pequeños.

**Páginas 16–17**

**Las hormigas se comunican entre sí produciendo olores.** Las hormigas usan distintos olores, llamados feromonas, para enviar mensajes diferentes. Utiliza sus antenas para recibir estos mensajes. Las hormigas pueden dejar un rastro de olor para guiar a otras hormigas hacia alimentos. También pueden utilizar olores para determinar si una hormiga es de otra colonia. Las hormigas pueden liberar una señal de alarma si su nido está en peligro. Las hormigas muertas liberan un olor que les indica a otras hormigas que deben mover el cuerpo fuera del nido.

**Páginas 18–19**

**Las hormigas tienen sus propios trabajos.** Cada tipo de hormiga dentro de una colonia cumple una función específica. La reina pone huevos y crea más hormigas para la colina. Los machos se aparean con la hembra y mueren poco después. Las hembras son trabajadoras. Buscan alimento, cuidan a las hormigas jóvenes recién salidas de los huevos, protegen a la colonia y mantienen limpio el nido.

**Páginas 20–21**

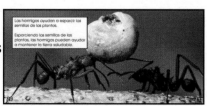

**Las hormigas ayudan a esparcir las semillas de las plantas.** Este es solo uno de los diversos roles que las hormigas juegan en ayudar a mantener ecosistemas saludables. Las hormigas ayudan a remover la tierra y airear el suelo, lo que ayuda a que el aire, el agua y otros nutrientes lleguen a las raíces de las plantas. Las hormigas también cumplen el rol de polinizadoras y son muy importantes en las redes alimenticias como detritívoras. Las hormigas rompen materia orgánica muerta y liberan nutrientes nuevamente en la tierra.

# ¡Visita www.av2books.com para disfrutar de tu libro interactivo de inglés y español!
## Check out www.av2books.com for your interactive English and Spanish ebook!

**1** **Entra en www.av2books.com**
Go to www.av2books.com

**2** **Ingresa tu código**
Enter book code

P 3 6 3 9 1 6

**3** **¡Alimenta tu imaginación en línea!**
Fuel your imagination online!

# www.av2books.com

Published by AV² by Weigl
350 5th Avenue, 59th Floor New York, NY 10118
Website: www.av2books.com     www.weigl.com

Library of Congress Control Number: 2014932955

ISBN 978-1-4896-2078-1 (hardcover)
ISBN 978-1-4896-2079-8 (single-user eBook)
ISBN 978-1-4896-2080-4 (multi-user eBook)

Printed in the United States of America in North Mankato, Minnesota
1 2 3 4 5 6 7 8 9 0  18 17 16 15 14

032014
WEP280314

Project Coordinator: Jared Siemens
Spanish Editor: Translation Cloud LLC
Art Director: Terry Paulhus

Every reasonable effort has been made to trace ownership and to obtain permission to reprint copyright material. The publishers would be pleased to have any errors or omissions brought to their attention so that they may be corrected in subsequent printings.

Weigl acknowledges Getty Images as the primary image supplier for this title.